저 혼자 가는 길

마음의詩 11
저 혼자 가는 길

ⓒ 김형정 2006

초판인쇄 2006년 9월 20일
초판발행 2006년 9월 25일

지 은 이  김형정
펴 낸 이  김충규
펴 낸 곳  문학의전당
출판등록  제387-2003-00048호.(2003년 9월 8일)

주    소  152-841 서울특별시 구로구 구로 6동 97-1 로얄프라자 206호
전화번호  02-852-1977
팩시밀리  02-852-1978
홈페이지  mhjd2003.com
전자우편  mhjd2003@naver.com

ISBN  89-91006-50-7    03810


＊ 이 책의 판권은 지은이와 문학의전당에 있습니다.
＊ 양측의 서면 동의 없는 무단 전재 및 복제를 금합니다.
＊ 잘못된 책은 바꿔드립니다.

저 혼자 가는 길

김형정 시집

문학의전당

## 차례

### 1부

저 혼자 가는 길 • 11
꽃상여 • 12
腦死者의 꿈 • 14
뱀사골 • 15
명태, 생태찌개로 앓다 • 16
길 • 17
아버지와 가로등 • 18
흉터 • 20
너를 묻고 • 22
작두 타는 나-날들 • 23
낙화 • 24
아재비는 소몰이였다 • 25
인디언이 전하는 말들 • 26
동정호에서 건진 달 • 28
달과 여자 • 30
마네킹 • 31
두 번째 사랑니 • 32
꿈꾸는 무덤 • 33
풀이 눕는다고 아주 눕는가 • 34

# 2부

자화상 • 39
피뿌리풀 • 40
산방굴 • 42
인형놀이 • 44
동막개펄 • 45
저, 붉은 바람 • 46
천 개의 무덤이 별로 뜨는 • 48
주문 • 49
동치미 • 50
밤길을 걷다 • 51
떡갈나무 잎이 된 여자 • 52
하늘다람쥐 • 54
저문 강 • 55
용두암 사람들 • 56
침몰하는 섬 • 57
단풍, 저만 붉더냐 • 58
한 여름 밤의 꿈 • 59
야화 • 60
집짓기 놀이 • 62

# 3부

그림자밟기 • 67
개미집 속에 집을 짓고 • 68
해빙 • 69
분열, 그 자각증세와 치유법에 대하여 • 70
도깨비도로 • 72
암호해독 중 • 73
부석사에서 • 74
욕, 할! • 75
귀 안에 갇힌 얼굴 • 76
밀레니엄 쥐잡기 • 77
그 섬에 가 보았다 • 78
별 • 79
동굴 • 80
묘비명 • 81
별똥별 • 82
대머리 소녀 • 83
어떤 공연 • 84
성산 일출 • 85
불면 • 86

# 4부

갈바람 • 89
눈 오는 새벽에 • 90
달빛 푸르던 날 • 92
취객, 횡설수설 중 • 94
환승역 • 95
단풍 • 96
벽장 속에 뱀 굴이 있다 • 97
개혁 • 98
항아리 • 99
빈집 • 100
기도 • 101
팔랑개비 • 102
표적 • 103
비 • 104

# 저 혼자 가는 길

길 끝에는 무지개가 걸려있고
길은 하늘을 향해 있었다

길가에는
계절을 잃은 나무들이
죽은 채로 서 있었다

드문드문 계절을 잊은 생각들도
술렁이며 거기 있었다
부러진 꿈들이 신음을 하고
먼저 간 욕망도 서성대고 있었다

길 위에는
멈춰버린 시간만이 있을 뿐
아무도, 아무것도 없었다

길이 길을 가고 있었다
저 혼자서만

꽃상여


이른 아침
꽃 하나
산으로 간다

누운 채 따라가는
긴 꽃 그림자
얼룩진 얼굴에선
무게에 갇혀버린
표정없는 꽃잎들
서둘러 떨어지고

겨우 목구멍을 빠져나온
무심한 상엿소리
바람 속에 숨는다

땡그랑, 땡그랑 요령소리
허공을 잡고 흔드는 아침
꽃 하나
산을 오른다

산허리 감아 돌던 마지막 노래
은은하게 들려오고
산을 딛고 선 꽃 그림자
환한 아침을 맞는다

## 腦死者의 꿈

내 몸속에도 벌레가 살고 있나
주검처럼 의식마저 잠든 시각
눈 속에서 귓속에서 입속에서
벌레들이 스멀스멀 기어 나온다

나오지 않는 젖꼭지를 물고서 어린아이가 울음 운다 뼈가 살가죽에 붙은 여인이 말라 비틀어진 내장을 게워내며 쓰러지자 게걸스레 받아먹는 아이, 人가죽으로 만든 사슬에 목이 묶인 외팔이 소녀가 다리 잘린 늙은 남자를 업고, 뇌가 없는 의사와 간호사들이 득실거리는 곳으로 간다 '천국에 온 것을 환영합니다' 간판 속의 글자들이 병균처럼 우글거린다 환자 같은 의사가 달려들어 몸을 묶고 간호사가 주사를 놓는다 또다시 꿈속……벌레들이 스멀스멀 기어나온다 서릿발 같은 손톱으로 베어버렸다 동강난 벌레들, 서로 갉아먹는다

또 다른 기억 속으로 스멀스멀 기어드는 벌레
꿈속에 갇혔다 꼼짝없이 갇혀버린 꿈속에서
벌레가 꿈을 꾸기 시작한다 아직도 꿈속이다

# 뱀사골

 오솔길 사이로 독오른 뱀처럼 또아리를 튼 서슬 푸른 무덤 몇 기, 와락 덤벼들 기세로 고개를 쳐들고 하늘을 노려본다 꿈을 품고 올랐던 무덤들 전설로 무너져 용트림을 하고, 살고자 올라야 했던 무덤들 가슴을 움켜쥐고 주저앉아 물혹으로 박혀 있었다

 오랜 세월 허물 벗어 온 무덤들 또아리를 풀고 누웠다 빼곡히 들어 선 소나무, 하늘을 짊어진 채 둥근 길을 만들고 있었다 소나무 숲 사이에 낀 백사 무리, 그 서늘한 몸부림에 순간 눈멀고 소름 돋는 빈 몸, 한기를 흘리며 비석처럼 서 있었다 불을 뿜으며 하늘을 날아다니던 백룡, 바람으로 사라지고, 비문을 새기듯 얼굴을 할퀴며 떨어지는 솔방울 하나

 더는 벗어 놓을 허물없는 무덤들 가슴과 가슴 사이, 그 깊은 골을 따라 무시로 흘러내려 산이 되고 있다 혹처럼 돋았던 오랜 기억들도 똑, 똑, 잎으로 떨어지고, 안개가 산허리를 잘라먹으며 올라온다 뎅겅, 잘린 모가지 하나 질주했다 붉은 안개를 가르며 아래로, 아래로

## 명태, 생태찌개로 앓다


 물기 잃은 시금치와 콩나물 무침에 마른 멸치볶음이 식탁에 올랐다 저쪽 구석에 놓여진 TV 속 식탁 위에선 건기가 지나가고, 소 떼들이 생기 도는 풀로 배를 채우고 있었다

 찌개가 식탁에 오르는 사이, 허기를 채운 사자 한 마리, 어린 사자에게 누우를 물어다 주고는 근처 표범 우리를 찾아다녔다 몸을 피한 어미가 보는 앞에서 갓난 새끼들을 덥석덥석 물고 있는 사자…… 생태를 한 입 넣고 곱씹다가 눈을 떠보니 죽음을 확인한 사자가 그냥, 돌아가는 것이 아닌가 고개를 갸우뚱하는 순간,

 한 떼의 호모들이 들이닥쳐 사자의 새끼들과, 호시탐탐 먹이를 노리는 하이에나를 향해 허기를 쏘아대고 있었다 내장을 가득 채운 호모사피엔스들, 거죽을 뒤집어쓰고 사라졌다 생태를 바짝 말려 저장해둔 어머니와 북어를 꺼내어 두들기고 있을 아내

 황사라도 불어대는 날이면, 북어 입속 TV에서는 황태로 변해가는 누런 이유가 쏟아져 나오고, 동태 같은 아침마다 生態찌개는 열병을 앓듯 보글거리고

# 길

민달팽이는 길을 가지 않는다

먼 옛날
我, 사랑하던 집을 버리고
해초에서 풀잎으로 건너온 것처럼

품고 있는 공간을 잡아당겨
묵묵히 제 길을 만들어 갈 뿐

안개 낀 풀숲 속에서
민달팽이의 꿈이 들어있는
물 알갱이를 건드려본다

손가락 끝에서 길이 흘러내렸다

# 아버지와 가로등

토굴 같은 마을 입구를 지나 골목길에 들어서자
등이 휜 가로등 하나 장승처럼 서 있었다

아버지의 오랜 기침소리 못을 박듯 천장을 두드리던 집
담을 훌쩍 넘은 그림자 하나 골목길 달려 마을을 떠나던 날
컹컹 개 짖는 소리 떠돌아다니고
양철지붕 위에 올라앉은 고양이 푸른 달을 물어뜯고 있었다

구인 광고지 몇 장으로 겨우 아랫도리만 가린 채
눈빛만 살아있는 가로등
목을 꺾어 내려
충혈된 외눈 끔뻑이며 골목을 살피고
-사람을 찾습니다-
화인火印 같은 전단지 가슴에 달고 곁에 선 전봇대는
웅, 웅, 거렸다

무수한 빛을 실어 나르다
백내장으로 낮달이 박힌 아버지의 눈
필라멘트가 끊어지기 전, 삶의 내력을 더듬듯
달무리 진 그 눈빛, 가로등 등줄기를 타고 내려

온몸에 금이 간 전봇대에 달그림자로 박혀 있었다

지나온 일상의 풍경처럼 구불구불 펼쳐진 골목에
붙박이로 나란히 서서 기다리는

# 흉터

 전화기 속에서 목소리가 떨렸다 보리차를 끓이다 한쪽 다리를 디었다고, 보름째 병원에 있다고, "마한 년, 뭐 할라꼬 한여름에 보리차를 끼리느라고 난리 치다 이제사 전화하고 자빠졌노 딱지가 안기도 전에 덧나면 우짤라고 퇴원하라고 우 서방은 또 저리 나대는지 모르겠다" 하며 한숨을 내뱉었다

 젊은 날, 뼈골이 다 빠져나간 뼈다귀처럼 구들장에 널브러진 아버지에게 수 년간 사골 국을 끓여 바치던 그녀. 어느 날, 펄펄 끓는 국물을 쏟아 벌겋게 익어가는 아이 다리를 보며 솥단지를 엎어버렸다 나의 왼쪽 종아리에 남아 있는 쭈글쭈글한 흉터를 여태 가슴에 담고 있는 걸까, 다 빠져나가고 흔적만 남은 새카만 젖꼭지가 멍울이었나, 여직 고깃국을 먹지 않느냐고 물어보곤 하는 어머니

 한참 지났는데도 안 온다고 수화기를 붙들고 호들갑을 떠는 누야, "니는, 쫌 괘안나 걱정하지 말고 쪼매만 더 지다려봐" 무섭단 한마디 없이 낯선 길 마다 않고 잘도 다녔는데 길을 잘못 들었나, 여기저기 식탁 위에 뼈다귀가 수북이 쌓여갈 무렵, 멀거니 들여다보던 해장국을 뒤적거리자 살점을 건져 들고 나오는 어머니……

뼛골 다 빠지도록 세월을 끓이고도 질리지 않나요 흉터처럼 달라붙어 바둥거리는 자식들, 어찌 떼어낼 수 있냐며 뼈 발라내고 살점 다 떼어 주고 거죽만 남은 당신, 먹어도 먹어도 당최 물리지가 않아요

# 너를 묻고


나, 돌아 오던 날 저녁
하늘에 푸른 무덤이 떴다

풀 하나 베지 못하는
낫 같은 달이 뜨던 날 새벽

꺽 꺽 울음을 꺾던 기러기
그믐처럼 목을 꺾었다

달빛 타고 오른 정한수
밤마다 네게로 흐르고

기다란 생채기 그리며
별 하나 내게로 떨어진다

## 작두 타는 나-날들

지푸라기 모아 새끼줄을 꼬던 아베
빈 들녘에 허수아비로 세워지던 날
을씨년스런 바람 몹시 불어대었지
서걱서걱 바람이 잘려나가는 소리
잡풀만 무성한 뒤뜰에서 들렸었지

달그림자 싹둑 잘려나간 그날 밤
빈 가지 끝에 가슴 쓸려 노래하던
우리 어메 앙가슴 저며지고 있었지
문고리에 쩍쩍 달라붙는 시린 기억들
밤마다 작두 타며 놀던 아이, 아이
꿈결처럼 들려오는 바람소리, 소리

엿장수 아저씨, 작두 날 가져가시고
엿가락 같은 제 기억 똑. 똑. 분질러
아이들 입속에 하나씩 넣어 주세요

## 낙화

벼랑 끝에 서 있는 나무를 생각한다, 절벽처럼 부딪혀 오는 막막함, 살을 저며 오는 그 전율을 느끼며 잎 하나 틔우지 않고도 꽃망울 터트리는 순간, 나도 바람처럼 무너져 내린다, 절명의 노래로 날리는 바람, 공명으로 떠는 꽃잎, 꽃잎 속에 가득 찬 단말마의 씨올들이 다투어 뛰어 내리고, 속속이 들어찬 벌레들도 서둘러 알을 낳는다, 언 땅속으로 곤두박질하는 이 순간.

## 아재비는 소몰이였다

죽령고개 마루에서 태어나
당숙 밑에서 자란 그가
걸음마를 배울 때부터
길은 뒤뚱거리며 다가왔다

실컷 부려 먹고 저를 버려도
주인을 버리는 법이 없다는
묵직한 황소와 대화를 하며
평생, 긴 재를 넘어다녔다

산허리 잘라먹은 신작로가
우시장까지 드러누웠을 때
피붙이들 하나 둘 떠나가고
아재는 고갯길로 향했다

길이 끝난 곳에서
그가 걸음을 멈추었을 때
흰 소 하나가 절룩절룩
재를 넘어오고 있었다

## 인디언이 전하는 말들

바람 속 영혼들처럼 흩날리던 눈송이
나뭇가지를 뚝뚝 부러트리는 날
다른 모든 것들을 밀쳐내고
오래전 바람 속으로 떠난 자가 다가선다

먹이를 저장한 채
얼음 낀 거미줄에 매달린 거미
한결 같은 것은 아무것도 없다고
울부짖는 타탕가

마음 깊은 곳에서 침묵하던
늑대가 뛰쳐나와 가슴을 물어뜯고
노란 꽃잎 따라 떨어진 나뭇잎
악문 검은 입술에 앉아 바스락대자, 그는
얼어붙은 호수 위에 메아리를 남기고 갔다
모두 다 사라진 것은 아니라고

하늘과 땅과 물의 끝까지 가보았다는
그를 쫓아갔다
호수를 유영하던 아이들 물고기로 튀어 오르고

빛을 저장한 열매를 따는 아낙들과
거침없이 초원을 달리는 들소 떼와 말 탄 사내들

거미줄에 걸린 태양을 말없이 바라보던 족장이
주술처럼 중얼거렸다
나와 관계되지 않은 것은 아무것도 없다고

달력 속 아메리카 인디언이
내 안의 북을 두드리고 있다

## 동정호에서 건진 달


지리산에만 골이 있는가
그릇 속, 모래알 같은 밥알 사이에도
크르렁거리는 골은 있다
가슴과 가슴 부딪치다 흘러내린 골짜기, 피아골
오래된 상처에서 터져 나온 푸른 물줄기 굽이쳐 흐른다

진메마을 앞 냇가 여울목에서
다슬기를 잡고 있는 아낙네
마디마디 시린 뼈 속에서 사그락, 물소리 흐른다

긴 시간을 타고 내려 도달한 섬진나루
가장자리에 외발 담그고 앉아
재첩국으로 속을 풀어내고 있는 사내의 이마에도
움푹 파인 골이 있다

오십여 년 전 빠져나간 뼈마디를 찾아
바닥을 헤집는 아낙네들
한 줌 가슴에도 서걱서걱 물소리는 흐르고

어스름이 감도는 호수 속에서

가슴을 무두질하던 사내
잔잔한 수면 위로 달덩이 같은 얼굴을 건져 올리고 있다

*동정호 : 경남 하동군 악양면 평사리의 강변 모래밭 안에 있던 호수였으나 간척사업으로 지금은 들판이 된 곳에 위치한 작은 저수지

## 달과 여자

얼음장 밑에서 누가 떠오른다
퉁퉁 불은 달을 부둥켜안고
몇 날 며칠 웃기만 하다
암실 같은 광에 갇혀
스스로 얼굴을 지워 버린 여자

시퍼런 달을 건져내어
자궁 속에다 집어넣고
달빛에 끌려간 여자
흑백 사진 속 얼룩 같은

난 알지, 침묵 속의 그녀
인화印畵될 수 없었던
오래된 필름 속 얘기들

얼음장 밑으로 흐르는 여자
젖은 달을 안고 웃고 있다

# 마네킹

　무표정한 도시의 거리를 지나 밤을 달려온 그녀, 타박타박 유리벽 속으로 들어갔다 펭귄 옷 걸치고 꼼짝없는 건너편 사내, 인형으로 앉아 웃음을 흘리는 그녀, 꼬리표로 따라다니는 이 국적 없는 얼굴……오늘도 오가는 사람들 눈길에 사로잡힌 광대다

　유리벽을 흔드는 야릇한 웃음소리에 흐느적거리던 그녀의 낮은 웃음 '쨍그랑' 깨어지고 가슴을 파고드는 파편, 그녀는 굴절된 빛을 술에 타서 마시고는 길을 건너온 은밀한 눈빛으로 배를 쓰-윽 긋는다 사방으로 튀기는 핏, 빛, 빛, 산란하는 빛……

　탯줄이 팽팽히 당겨진다 밀랍으로 만든 도시는 여전히 눈부시고

## 두 번째 사랑니

입속에는 항상 말간 피가 고여 있어
진한 삶의 향내 날리며 쏟아내는 말 속엔
뿌리 뽑혀 무뎌진 가시가 있고
뜻도 모르면서 중얼거리며 내뱉는
앵무새의 씁쓸한 生의 노래

길 떠나온지 서른아홉
다람쥐 쳇바퀴를 돌리듯 걸어가던
걸음을 멈추고, 돌아본 길 언저리엔
한 번도 뿌리 내려 보지 못한 말들이
희뿌연 사연을 뿌려대며 따라온다
사랑니 빠져나간 자리에 가득 고인, 흔적

유난히 뿌리가 길어 신경을 눌렀던

## 꿈꾸는 무덤

저기 무덤이 흘러내린다
무덤이 흘러
강이 되고 있다
보이지 않느냐, 물방울이

강을 차고 올라
꽃으로 피고 있다
저기 손에 손을 잡고
날아가는 꽃송이들

지천으로 피어나는 꽃밭에서
비누방울 놀이를 하는 아이들
저마다 꿈을 불어넣고 있다

여기 무덤 속에서
애기 울음소리 들린다

# 풀이 눕는다고 아주 눕는가


1

풀이 눕는다*
바람이 불면 어김없이 눕는다
바람이 가는 데로 눕는다
풀이 눕는다고 아주 눕는가
거목이 뿌리째 뽑히는 날에도
바람이 가고 나면
풀은 일어난다, 일어난다

바람이 심한 날에도
풀은 절망하지 않는다
바람의 장단에 춤을 춘다
신명나게 한바탕 춤을 추고 있노라면
먼저 지친 바람이 길게 꼬리를 물고
저만치 가고 있다
바람이 가고 나면
풀은 일어난다, 일어난다

2

천둥, 번개 등에 업은 바람
꿀 먹은 벌들과 눈맞고
꽃나무들과 바람난 신바람
저만 혼자 신나게 소리쳤다

－고개 쳐든 것들은
이 땅의 풀들이 아니다

가슴 터지는 천둥소리에도
풀은 울지 않았다, 울지 않는다
바람을 가슴에 안고 누운 풀
피리를 분다
풀피리 소리 대숲을 지나간다

－바람은 뿌리가 없어


*풀이 눕는다 : 김수영 시인의 시 「풀」 중에서

2부

## 자화상

저것은 사람의 몰골이 아니다
거울 속에 그려진 끔찍한 그림
누가 저리 모자이크했는가

눈동자를 떼어 가슴에 붙이자
갇혀있던 청맹과니 화가
등불을 들고 걸어 나온다
꼬여있던 길들도 줄줄 따라나선다
발자국에 눌려있던 심장 박동소리
쿵 쿵 쿵 길을 더듬어 앞선다

거울 속에 덩그마니 남아있던 그림자
텅 빈 자리로 옮겨 앉는다

## 피뿌리풀

지난봄, 오름에서 우연히 만났던
그가 보고 싶어 그곳에 다시 갔다
4 · 3항쟁 때, 몰아치던 광풍으로
무덤이 되어버린 마을을 지나자
여린 고사리를 꺾고 있던 아낙네들
매운 눈초리를 던지며 두런거렸다

제주 중산간 동쪽, 수많은 오름들
그 천혜의 요새 구석진 곳에서
피를 먹고 풀이 자라고 있었다
거센 풍파가 몰아 온 소용돌이를 피해
이곳에 올랐다 묻혀버린 사람들
흉흉한 풍문으로 떠돌다
찢겨나간 삶을 품고 핏빛 멍울로 맺혀 있었다

저기, 그리고 또, 여기
잔뿌리 몇 개 남기고 뿌리째 뽑혀나간
몸부림의 흔적들
끊임없이 바람은 불어도
바닥까지 스민 멍울 곰삭혀 꽃 피울

피뿌리*, 아픈 저 흔들림

*피뿌리풀 : 제주의 동부지역 야산에 드물게 자라는 다년초로, 4~5월에 피는 꽃은 처음에는 약간 분홍색이나 꽃이 지기 시작하면 핏빛으로 변한다. 뿌리색과 꽃색이 마치 핏빛깔이므로 피뿌리풀이라 한다

## 산방굴*

설문대할망**의 방망이질에
한라산이 토해놓았다는
멍울 같은 산방산을 오르자
절벽을 후벼 파고 들어앉은
돌부처가 내려 보고 있었다

이따금씩 세찬 바람이 들이쳐
속을 뒤집어 놓을 때면
한양에서 이웃마을 대정***으로 귀양 온 사내가
넘실넘실 건너와
돌팔매질을 실컷 하고 올라오곤 했다

뜨고 지는 해와 달을 등지고 앉아
얼마나 버틸 수 있느냐
부처와 내기를 했다
노송 사이로 펼쳐진 하늘을 바라보다
붓을 빼어들어 결 고운 바다 위에
초가집 두 채 지었다

정수리를 내리치고 흘러내린

산방덕山房德**** 여인의 눈물로 해갈을 하고
일갈처럼 울리는 굴속을 빠져나와
찰칵, 세한도 속에다 그를 담았다

*산방굴 : 제주도 남제주군 안덕면 사계리에 위치한 산방산 속의 굴
**설문대할망 : 제주도를 만들었다고 전해지는 거인족 여신(女神)
***대정 : 추사의 적거지였던 곳을 복원한 기념관이 있다. 이곳에서 추사체를
 완성하고, 세한도를 그렸다
****산방덕 : 산방산을 지키는 여신

## 인형놀이


눈감지 못한 주검이 나를 바라보고 있었다
관을 붙들면 자꾸만 눈 뜨는 인형,
인형의 집에선 울음이 그치지 않았다

아득한 날, 숨진 어미 배를 가르고 태어난 아이, 사내아이는 제 몸보다 커다란 인형을 가지고 놀며 자랐다 뱃속에다 한 줌 솜뭉치를 집어넣고 꿰매던 여인, 빈 젖병을 물고 등에 업힌 갓난애의 울음, 소리……, 거뭇해진 인형을 씻기고 옷 입히며 놀던 핏기 없는 계집아이, 까맣게 탄 눈동자를 붙이던 퀭한 눈의 사내, 갖가지 색실이 뒤엉킨 실타래 같은 가계도에서 숨 쉬는 인형으로 산 아버지, 꼭두각시 인형 같은……

속살까지 배어든 기억의 자국마저 닦아내며
참으로 오랫동안 염하곤 했었다 그런 날엔
줄줄이 태어난 인형들이 마른 울음을 삼켰다

# 동막개펄

달구지가 길을 끌고
바다로 간다
썰물의 끝자락,
수평선이 사라진 동막개펄에
십 리 밖 지평선까지 잇닿은
단단한 길이 놓인다

가슴까지 푹푹 빠지는
질펀한 뻘을 다져 만든 필생의 길,
그 삶의 끝에서
반나절이 채 지나기도 전
터벅터벅 걸어 나오는
저, 붉은 황소

파도가 밀고 온 달구지 위엔
산란하듯 뻘을 토해내며
농어農魚가 파닥거리고
갈매기 떼 시위하듯 몰려와 웅성거리는
저, 공존의 터

## 저, 붉은 바람

9부 능선쯤 되었을까
산허리 타던 바람 한 점
풍장風葬을 하듯
수의로 두른 구름 벗겨낸다

살점은 다 내주고
텅 빈 밑동 속에 제 주검을 품은
검은 뼈 한 그루
천계에다 뿌리처럼 잔가시 뻗었다
옹골차던 나이테는 빠져나와
낙엽 위에 줄무늬로 누웠고

마른 탯줄을 끊고 떨어져
무덤을 만든 단풍, 한순간
化人* 같은 불꽃으로 떠올라
핑그르르, 맴돌이하다
족적을 지우며 산길 내려간다

상투 튼 한라산 꼭지에 올라
두 팔 벌리고 내려다본다

내·생을 염하며 경계를 넘나드는
저 붉은 바람
내 몸에 들어온 불보다 뜨겁다

\*화인(化人) : 죽은 사람의 영혼이 생전의 모습으로 나타난 것

# 천 개의 무덤이 별로 뜨는

강은 길을 고집하지 않는다
수많은 길을 에돌아
길 아닌 길을 간다

저만치 덩그마니 피어있는
마른 풀꽃에 스며
눈물 한 모금 적셔주고
뿌리째 누워버린 풀을 거둬들여
가슴팍으로 꾹꾹 눌러주는 강은
무덤을 안고 있다

지상에서 가장 낮은 자세로
쉼 없이 가슴을 저미며
저 혼자 깊어가는 강
길을 만들어 간다

저문 강
천 개의 무덤이 별로 뜨는
강물에 젖어들어
나도 달로 눕는다

## 주문

 쥐방울 둘을 손목에 달고 배부른 여우와 '할매 돈 돼지' 집으로 갔다 등심(돼지우리에 웬 등심인가 물어보니, 소 등심인데 없다했다) 안심, 갈비…… 순살 양념과 비계가 많이 붙은 생으로 달라고 부탁했다

 행복을 오물거리던 아이들의 배가 부풀어 오르고 아내가 부른 배를 쓰다듬을 때쯤, 비로소 나는 오랫동안 중얼거려온 삶의 주문을 던지듯 추가 주문했다 —할매요, 여, 튼실한 목살 좀 끊어 싸 주이소—

 돈 내고 돈 먹고 오던 날 저녁
 겨울에도 얼지 않는 작은 生 하나를 덤으로 얻어왔다

# 동치미

봉분 없는 무덤을 파헤치고
배부른 항아리 뚜껑을 열었다

파란 머리 맵다 잘려나가고
토막 난 몸뚱아리
짜디짠 소금물로 상처를 절이는
관 속이 분분하다

동짓날, 살기 낀 복수를 깨고
한 움큼의 알알한 물과 함께
잘 익은 녀석들을 건져 올렸다

살얼음 입은 녀석 집어내어
아삭아삭 베어 물었더니, 물큰
상처가 도졌나, 속이 얼얼하다

# 밤길을 걷다

가로등 불빛으로 흥건히 젖은 골목
뱀 그림자로 누워있는 사내를 밟고
마른 꽃잎의 여인들이 지나간다
밤새 골목을 휘젓는 늙은 호루라기
샛바람 소리를 내며 고양이를 쫓고
달아나던 쥐새끼 죽은 시늉을 한다
바람에 쓸려가는 즐거운 눈동자들
긴 밤이 토악질해내는 풍경에 갇힌
생의 깃발, 바람에 마구 펄럭거린다
속옷을 훌훌 벗어던진 비릿한 풍경
삭신이 뻐근한 넝마 같은 밤이다
굴다리를 건너 집으로 돌아가는 길,
길이 멀다, 아득한 골목 속……

## 떡갈나무 잎이 된 여자


뿌리를 잘라내면 어떻게 되겠느냐고
오래전, 그녀가 물은 적 있었다
부평초가 되어 물 위를 떠다니다가
말라 죽을 거라고 퉁명스레 말하자
호수를 박차고 수면 위로 튀어 올라
아름다운 떡갈나무 잎이 될 거다
호수보다 잔잔하게 말하던 그녀
하필이면 왜, 떡갈나무 잎이냐는 물음에
가만히 호수에 돌을 던졌다
죽음보다 잔잔하던 수면에 파문이 일고
연꽃이 흔들렸다, 잠자리 날아갔다

참나무 숲을 거닐다 발견한 안내문에서
떡갈나무 잎이 된 그녀를 보았다
―참나뭇과의 낙엽 활엽 교목으로……
　잎은, 어긋나며 뒷면에 하얀 털이 있고
　마른 뒤에도 겨우내 붙어 있다가
　새싹이 나올 때 떨어지고…… ―
파문처럼 밀려오는 바람에
떡갈나무 잎 흔들려 연꽃을 피우고

나뭇잎 하나, 바람을 타고 올라 석양을 가렸다
깔깔한 바람에 떠밀린 나는,
부평초처럼 수목원을 나섰다

# 하늘다람쥐

하늘을 뜀박질하던 다람쥐 죽어있었다

44번 국도를 저공비행하던 의문 하나 툭, 떨어졌다 구름 숲을 활공하다 돌연, 비상착륙한 건 무엇 때문이었을까 갈고리처럼 꺾인 우회도로를 막 돌아 나오는 순간, 덤프트럭이 정면으로 질주해 왔다 상행과 하행이 모호한 도로, 경계선마저 없는 지점에서 다람쥐 쳇바퀴 돌듯 오가던 그는 표지판이 되고자 했던 걸까 이따금, 안개를 휘저으며 다가드는 저기 저 꼬꾸라진 경고문

생은, 경계 위를 걸어가는 것이다

# 저문 강

어스름이 감도는 강가를 거닐다
건너편 산기슭에서 내려오는
은빛 물고기를 보았다
유선형의 푸른 달은 쩍쩍 수면을 가르고
난, 자꾸만 강을 거스르고 있었다

이놈 저놈 발길질에 만신창이가 된 달 속
탯줄에 목이 감긴 채 죽은 아이를 보았다

강을 올라가던 물고기 느닷없이 수초에 목을 매고
배 터져 죽은 물고기 한 마리, 헉, 숨이 막혔다

수면 위를 걷던 검은 그림자 저문 강을 삼키고
차가운 강물 속으로 뜨거운 피가 흘렀다

황톳빛 기억들이 역류하고 있다 그때처럼

## 용두암 사람들


 늘, 전망 좋다 손짓하는 횟집 이층 유리창에 걸려 있는 바다, 안개를 토해내며 기웃거리고 무시로 들락거리는 해풍처럼 바다를 몸에 두른 사람들, 총총 드나든다 "위하여", 한 잔의 바다를 들이키고 전망 없는 바다에 못을 박듯 일제히 손바닥을 두들겨 댈 때마다 느닷없이 맛 뵈기 안줏감으로 전락하여 토막 난 몸 바동거리며 쩍쩍 달라붙는 생목숨들, 녹색 바다에 몸을 적신 산 낙지 입 안 가득 물고 잘근잘근 씹어대자 코끝이 시큰거리고 눈물이 핑 돈다 노을이 성에처럼 달라붙은 창 너머 떨어지는 해를 덥석 물고 날아오르다 화~아, 입김을 불어대는 용머리 바위, 수천 년 담금질해 온 바다에 첨벙 뛰어들어 몸을 뒤척거린다 주거니 받거니 질긴 생 곱씹으며 흐느거리던 검붉은 얼굴들, 저마다 술잔에다 여의주를 담아 들이키곤 느즈러진 그물을 다잡듯 칼날 같은 해풍에 저며져 너풀대는 바다를 끌어당기고 있다

# 침몰하는 섬

심해에서 올라온 벌레 한 마리
스스슥 기어다니자
후끈 달아오른 거먕빛 바다
펄럭펄럭 바람에 나부끼고
앙칼진 소리 그 소리, 파도로 희다

씰룩거리는 섬섬閃閃, 섬

목줄이 타는 섬을 향해
팽팽히 당겨진 포경선
아, 작살이다

이놈의 바다
식지 않는 붉은 바다

## 단풍, 저만 붉더냐

나도 한때 신열로 속 태웠네
튼실한 씨 올 알알이 품어
석류석보다 더한
저, 양귀비보다 더한
나의 분신들을 키웠네
소리로 세상을 그려보며
발길질을 해대던 녀석들
내 몸에 금을 긋고
배꼼 내다보더니
한순간, 온몸을 찢으며 왔네
환호성을 내지르며, 와락
내게로 안겨들었네

# 한 여름 밤의 꿈

벙어리 매미와 눈먼 제초기가 싸움을 한다
눈멀어 귀 잘라 먹고 입을 꿰매버린 나는 나
잠이 온다 아득한 소리 빛을 뚫고 날아가다
날개 위에 앉는다 구멍 뚫린 날개 떨어진다

# 야화

1

새벽 두 시, 눈치만 보며 기어가던 벽시계 더는 참을 수 없어 빈 속을 텅, 텅 울리자 터져 나온 밥알 같은 발걸음들 잿빛 도시의 하루를 보자기에 싸들고 사방으로 흩어진다

2

하루를 살아 버린 하루살이, 오늘은 불나방이 되어 밤을 태워 버리고도 싶다

3

밥알같이 흩어지던 발걸음들 더러는 '내일' 해장국집 아낙네의 환한 미소에 굳었던 얼굴을 펴고 훈훈한 국밥 한 그릇에 알 찬 순대처럼 몸을 데운다 더러는 길모퉁이 '왕대포' 포장마차에 올라 소주 한 잔에 저마다 한 가지씩 품어 온 안주를 주고받으며 막 잔 같은 오늘을 마시고 응어리진 마음들 뜨거운 막국수 국물에 면발로, 고춧가루로 풀어진다

4

밥알 같은 발걸음들, 흘림체 글자로 일기를 쓰듯 발자국을 남기며 집으로 돌아간다

5

  빌딩 그림자들, 상 다리로 길게 펴지고 잿빛 하늘에 밥공기 같은 해가 오르면 아스팔트란 팻말이 꽂힌 도심의 꽃밭엔 萬 가지 사연을 품은 꽃들이 피어난다 꽃들, 일제히 오늘을 굴린다

## 집짓기 놀이

너와 나 우리들 가슴속에
신선이 된 맹자와 순자가 숨어들어
울타리를 치고 집을 짓는다

맹자가 돌을 던지며 싸움을 걸자
순자의 방패막이로 나서는 천사
회심의 반격을 가하는 순자를
악마가 돌아서 가로막는다

천사의 성난 눈동자와
악마의 미소가 어우러진
미로 같은 담장 너머
사방에 갇혀버린 방
집이 와르르 무너져 내린다

집 밖의 울타리보다 위험한 건
언제나 집 안의 벽이었다
경계는 늘 안갯속이다, 불안하다

복기 없이 치러지는 집짓기 놀이

열의 아홉은 무승부
한 번의 승패는 언제나 반 집이다

3부

## 그림자밟기


새끼로 허리를 동여매고 우는 여자
머리를 질끈 짜매고 지게를 매만지는 사내
발끝에 툭, 툭 걸리는 길을 말며 걸었다

고봉高捧을 오르다 철퍼덕 주저앉았다
보이질 않는다 그림자가
저마다 다른 발품으로
칭얼대며 따라오는 발자국들
부지런히 쫓아와서는
발밑에 쪼그려 앉는다

얼마나 밟으면 꿈틀거리는지
얼마나 짓이겨졌으면
제 그림자마저 다 밟고 노는지
자꾸만 보채던 고놈들
석양을 등지고 내달린다
달무리 같은 아이들, 그림자가 길다

## 개미집 속에 집을 짓고


모래성을 파도에 내어 주었다 애초부터 그곳은 파도의 휴양지였다고, 약속의 땅으로 가는 것이라고, 흘금흘금 돌아보는 발자국들을 애써 달래야 했다 지친 발자국들이 길 위에 길을 내고 있을 때 울타리를 치고 집을 지어 팻말을 힘차게 꽂았다

개미들이 몰려왔다 나의 팻말이 꽂히기 전 이곳엔 그들의 왕국이 있었다 내 발자국보다 많은, 내 눈물보다도 더 큰 시간이 여기 있었다 꼼짝없이 개미에게 집을 내어 주고 개미집 속에 집을 지었다 그나마 내어주고 골방 하나 얻어 방문을 걸어 잠갔다

왕국에는 골목이 없었다 서로서로 나누는 방, 서로에게 이르는 길, 방과 방이 길로 이어져 있었다 걸어 잠갔던 방문을 열어 제치고 문짝을 떼어버렸다 꽂았던 팻말도 뽑아 버리고 나는 길 위에 누웠다 개미들이 제 몸보다 큰 먹이를 끌고 지나간다

# 해빙

긴 긴 산고 끝에
때 이른 꽃망울 하나 쑤욱 낳고
몸을 풀고 있다

연연불망으로 길었던
불면의 밤들도 깨어
강물 따라 흘러라

차마 못다 보낸 그리움은
꽃샘바람에 마저 실어 보내고
연연한 꽃망울 하나
가슴에 품어

해빙이 끝나는 날에
터트려 보리라

## 분열, 그 자각증세와 치유법에 대하여


원

군둥내 나는 김치 속에 검은깨가 들어 있었지
깨알 같은 눈동자가 자꾸만 꾸물거리고 있어
생선 눈알을 빼어 먹듯 날 선 젓가락으로 집어먹다
문득, 내 심장의 파편이란 생각으로 몸을 떨었지

하면

낙조 속에 네 개의 뿔 달린 짐승이 있어
그 속에 기생하는 벌레 한 마리가 살아
흰자위를 뚫고 나오는 고양이 눈빛이었어
번뜩이는 칼날 같은 눈빛이었어

반드시

바람이 문고리를 잡고 마구 흔들어 대고
문풍지가 온몸으로 귀신 소리를 내고 있었지
사자의 검은 옷고름에 모가지가 묶여 끌려가는
귀신을 나는 보고 말았어 그런데 말이야

사자의 얼굴과 귀신의 얼굴이 희한하게도 닮았더랬어
너무도 낯이 익은 두 얼굴, 표정은 사뭇 달랐지만

죽으리라

# 도깨비도로

 한라산 중턱 1100도로에는 낮도깨비들 놀이터가 있다 깡통을 굴리는 사람들, 자동차를 굴리는 도깨비들, 뒤질세라 거품을 입에 문 깡통들, 터질 듯 부푼 자동차들, 오르막길 잘도 굴렀다

 눈알을 부라리며 앞만 보고 달려온 사람들, '도깨비장난'이라는 말에 다투어 차에 오르고 '출발, 출발'을 외쳐대는 입가엔 회심의 미소가 덕지덕지 붙었다 파열음을 내며 길을 박찬 차들, 빈 깡통으로 굴렀다 그들은 몰랐다 후진기어가 없는 오르막길 전용차는 갈수록 브레이크가 약해진다는 것을

 늘 제자리걸음만 하던 사람들, 뒤처지기만 하던 사람들이 마침내, 도깨비가 되어 길 위에다 방망이를 탕, 탕 두드리며 시소놀이를 하고 있다 절벽 아래로 뒹굴고 있는 길, 하늘을 올라가고 있는 길, 길들이 마구 흔들리더니 바람에 날려 팔랑거렸다 안개구름이 길을 삼키며 달려오는 신비의 도로

## 암호해독 중

칠십 평생
헝클어진 실타래 같은 삶을
날마다 한 올 한 올 풀어내며
당신의 세상을 엮었다

온몸으로 터득해 감춰 온
모스부호 같은 내력들
허리춤에서 꺼내
수의에다 한 땀 한 땀 옮겨놓던
어머니,
이중첩자였다 어머니는
천형을 두려워하지 않은

첨단의 해독기로도 풀어낼 수 없어
잊었던 암호를 더듬고 있다, 나는

## 부석사*에서

흔들리는 건 늘 몸이다
공중의 나락을 이고 앉아
무얼 생각하고 있는 걸까

부처는 눈알을 부라리며
밥알을 헤아리고
염주 알을 굴리며 나는
부처를 세고

저, 배흘림기둥 또한
얼마나 많은 죽임**을 당했을까
무량수불無量壽佛을 품어
아라한***이 되기 위해

무량수전 기둥에다 백팔 배를 올렸다


*부석사 : 신라 문무왕 16년(676)에 의상대사가 창건한 절로 우리나라에서 가장 오래된 목조 건축인 무량수전과 조사당(祖師堂)이 있다
**죽임 : 모서리의 날카로운 부분을 없애는 일
***아라한 : 생사를 이미 초월하여 배울 만한 법도가 없게 된 경지의 부처

# 욕, 할!

Sea, 發, 놈들의 셋 中에서
죽도竹島로ㄱ 사랑한다는
니ㅅ기미欺米 뽕짝 노래

오도독, 씹지도 못하고
오로지 죽만 쑤어대는
줄줄이 짚새할 새끼들

여기, 우리 속에서
어울렁 더울렁 꼬고 앉은
저 빙신憑信 달구새끼들
홰만 잦추다가 모다 나자빠졌네

개ㅂ벽다귀 빠는 소리 대신하야大臣下野
울화통이라도 두들겨야지
근데, 왜 이리 허전하지
칼칼해진 입이나 헹궈야겠다, 갈碣할割갈
할!

## 귀 안에 갇힌 얼굴

네 개의 귀 안에 얼굴이 있네
얼굴 안에는 또 네 귀가 있어
네 귀에 갇힌 수많은 얼굴
푸른 핏줄에 얽혀 있네
신핏줄을 타고 흐르는 소리 있어
천둥처럼 고막을 두드리는 눈, 눈
각인된 글들이 살아 꿈틀거리네
네 귀가 있어 귓속에 살아 있는
네 얼굴 있네 네 개의 얼굴 있어

# 밀레니엄 쥐잡기

아이 어른 할 것 없이
연신 좌우 엉덩짝을 톡톡 두들기며
밤낮으로 쥐잡기에 혈안이다
쥐덫에 갇혀 허우적거리고 있다

쥐가 꼬리에 꼬리를 물고
거대한 덫을 치고 있다
사람을 가두고 있는 것이다

사람 사는 곳이면 어김없이
쥐가 있어야만 하는 세상
쥐가 없이는 단 하루도 살 수 없는

밀레니엄 시대는 쥐의 세상이다

## 그 섬에 가 보았다

섬은

사람들 틈에 끼어있는

빙산이었다

# 별

미쳐 날뛰는 푸른 창

신들도 싸움을 하는구나

검은 복면 뒤집어쓰고

창! 창! 창!

## 동굴

사방의 어둠을 끌어당겨
주검으로 위장한 채
문을 응시하는
저, 눈동자
그대는
누구
人
가

## 묘비명

한

줄

시
가

되
고
자

나, 여기 누웠노라

## 별똥별


누가 또, 쏘아 올렸는가

불발탄으로 떨어지는

저, 탄원서

# 대머리 소녀


한 움큼의 머리칼
날마다 손가락을 베고 달아난다
살갑던 이들을 주검으로 마주할 때마다
정수리에 곤두서는 절망
보이지도 않는 빛, 신비의 양날 칼에
머리를 통째로 맡길수록
갓 자란 머리카락마저
뭉테기로 빠져나간다

검은 세포처럼 커져만 가는 털 뭉치에
가슴 저며지는 어미 앞에서
사진첩을 넘기며 해죽거리는 소갈머리,
몇 올 남지 않은 털을 손꼽듯
헤아리려 보는 내 것 아닌 날들,
어쩌랴, 자꾸만 흘러내리는 소망을
쓰러진 벼를 세우듯 애써 쓸어 올려 묶어놓고
퉁퉁 불은 밥알을 넘기듯 알약을 삼킨다, 나는

칼날을 베고 누워있는
내 목이 칼칼하다

## 어떤 공연


 무대는 길거리 간이 공연장, 무료함에 지친 사람들 삼삼오오 모여들자, 눈치를 살피던 지휘자 허공을 저어 대고, 급조된 날라리 악사들 저마다 들고 온 악보를 보며, 조율되지 않은 악기로 '소음공해'를 연주한다 휘휘, 휘파람소리에 박수갈채 반주로 날아들고, 우우, 야유 소리에 고함소리 간주로 뒤섞인다 걸쭉한 肉談을 주고받던 사람들 젓가락 장단에 춤판을 벌이자, 허공을 긁어대던 불협화음들 텅 빈 무대 위로 후드득 떨어진다 거리에 나뒹구는 관객들……

 얼마나 몽환적인가, 선거유세장 풍경이란

## 성산 일출

 아침 여섯 시, 샴쌍둥이를 떼어내는 수술시간, 백색 섬광 번득이는 메스 바삐 움직이고, 피에 젖은 바다, 살결이 떨린다 섬광이 사라지자 황금빛 고통을 베어 물고 웃는 바다, 가슴을 갈라놓자 심장이 파닥거린다 파리하던 하늘, 입술에 생기가 돌고, 환하게 밝아지는 얼굴, 온몸이 싱싱해졌다 끝내, 웃음을 풀지 않던 바다, 한 마리 등 푸른 고기가 되었다

## 불면
－존재하는 모든 것은 인식하는 바로 그 순간 사라진다－


골방에 저를 가둔 사내
낡은 밤을 거적으로 뒤집어쓰고
밤마다 시를 쓴다

낙서 같은 삶을 끼적거리다가
온몸에다 푸른곰팡이로
문신을 새겨 넣는다
生은, 절망적 몸부림이라고

벽에다 저를 걸어놓고
쾅, 쾅, 쾅, 망치질을 해대던 사내
밤마다 벽을 허물고 있다
삶은, 나마저도 허물어가는 것이라며

# 갈바람

가을바람처럼 휑허케 떠난 그대
오늘따라 그립다, 그리워

두고 간 그대 넋과
마주앉은 이 밤
스산한 바람이 가슴을 엔다

연방 창을 두드리며
밤이 다 가도록 드나드는 그대
텅 빈 가슴 가득 메우고 있다

어둠만이 덩그마니 앉아 있는 방
갈바람이 찾아든다, 그대처럼

돌아누운 등에 전해지는
그대의 숨결
바람 든 벽보다 차갑다

# 눈 오는 새벽에

눈 오는 새벽에
사랑을 하고자 합니다

새하얀 눈이 소복소복 쌓여
세상이 온통 하얗게 되는 날
바로 그때
깨끗한 맘으로 사랑을 하고자 합니다

비가 먼지 낀 하늘을 깨끗이 닦고 나면
아름다운 맘으로
천상의 그림을 그려 놓는다는
어느 가난한 화가처럼
그런 사랑을 하고 싶기 때문입니다

눈 오는 새벽에
얼어붙은 천상의 샘물을
가슴에다 퍼 담고자 합니다

따뜻한 맘으로 녹여
먼지 낀 내 맘을 유리알처럼

투명하게 하고 싶기 때문입니다
티 없는 맑은 맘으로
사랑을 하고 싶기 때문입니다

눈 오는 새벽에
나는 사랑을 하고자 합니다
유리알 같은 사랑을 하고 싶기 때문입니다

## 달빛 푸르던 날

쿨럭, 쿨럭 아부지 오랜 기침소리
습관처럼 방문 틈을 넘나들고
찬바람 기어드는 정지 아궁이 속에선
타닥타닥 소리내며 타던 청솔가지
맥없이 사그라지고 있었다
'배고프지, 조금만 참아'
'아이다, 누야'
몽땅 부지깽이로 옮겨 붙은 불씨
가난한 누나의 가슴으로 타 들어갔다

새우 같은 달만 이고 오신 어무이
'춥지, 그만 들어가거라'
달그락, 달그락 가슴 베어내는 소리에
쿨럭이던 기침소리 잦아들고
못 들은 척 돌아선 누나
'어, 밥물이 모자라네' 하며
연신 물을 부었다

부뚜막에 걸터앉은 가마솥
오물오물 젖을 삼키던 밤

이지러진 달, 빛을 뿜어대고
기침소리 온 밤 내 창을 두드렸다
가슴 치며 솟구치던 달빛, 부서져
별이 되어 와르르 쏟아지고
나는 작은 소망 하나 빌었다

## 취객, 횡설수설 중
― 이윤택 시인의 「취객」에 부쳐 ―

그날, 나도 취할 수밖에 없었지 풍덩 풍덩 몸 던지는 삼천궁녀의 꽁무니를 따라가던 그녀를 난, 보고 말았지 슬금슬금 뒷걸음치다 나자빠진 그녀, 발에 쥐가 난 줄 알고 업고 갔었지 잠자코 있기에 삼천궁여라 생각했지 그런데 말이야 아니었어…… 내가 그녀를 죽게 한 거야 그래서 말인데, 난 말이야, 바다가 술이라면 좋겠어 거기엔 안주도 무진장 많으니까 얼마나 좋겠어 그냥, '풍덩' 몸을 던져 보는 거야 나마저도 잊어버리고 말이야 바다를 뒤집어 쓰고 잠들다 파도로 떠오르고 운 좋게도 지나가던 고깃배에 발견되어 밧줄에 묶인 채 해안으로 끌려간다면 모여든 사람들, 들, 들, 입을 모아 말할 거야 허구한날 술만 퍼마시다가 바다를 술로 착각해서 뛰어들었다고 그럼, 된 거야 술에 모든 걸 덮어 씌웠으니깐 말이야 아니, 아니야 차라리 고기밥이 되는 게 나을지도 몰라 고기밥도 되지 못한, 정말 쓸 데 없는 놈이 되면 누굴 탓하겠어 세상 탓을? 아서라, 차라리 고기밥이 되는 게 낫지 그런데 내가 지금 무슨 말을 하고 있는 거지 음, …… 비틀거리는 길 위의 사람들, 길 밖에 나뒹구는 취객들, 길, 길이 흔들리고 있어 누가 지구를 흔들고 있어 아, 어지러워 …… 나, 취한 거지?

# 환승역

   가을엔 암갈색 냄새가 배어있다 온통 가을빛에 취한 낙엽들을 마구 흔들어대던 바람마저 갈색으로 물들었다 가을에는 이런 갈바람이 자꾸만 불어온다 생의 무게를 내려놓은 삶의 조각들, 묻는 말에 대답도 없이 시간여행 무임열차에 몸을 싣고 돌아앉는다 뿌앙, 기적소리 울리자 저마다 새겨놓은 이정표들이 거꾸로 내달린다 여운처럼 그림자를 남기며 밤을 달려 도착한 환승역 '화이트 홀', 종착지인가 하고 수런거리는 낙엽을 비집고 한 무리의 씨올들이 승차한다 잠시 머물던 이정표를 뒤로하고 '블랙 홀'을 향해 질주한다 살타는 냄새가 진할수록 환승역은 밀려드는 요람행 희망호 열차로 만삭이 된다

# 단풍

칼날보다 섬뜩하다, 낙엽

허공을 베고 떨어져
붉은 무덤을 만들고

베인 가슴에선
피도 흐르지 않았다

## 벽장 속에 뱀 굴이 있다

벽장 문고리를 당기자
훅, 하고 달려드는 곰팡내
한동안 숨 쉴 수 없었다
꽃무늬 넥타이에 목이 졸린 채
난자당한 지난 시간
철 지난 색색의 허물처럼
꼬챙이에 찔려있다
겹겹의 옷을 벗을 때마다
등줄기를 타고 내리던
서늘한 눈초리
벗어 놓은 허물 속에 남겨두고
또 어디로 갔는가
촘촘히 박혀있는
저, 따가운 눈총들

## 개혁

바람 장단에 춤추는 건 파도일 뿐

바다는 함부로 움직이지 않는다

# 항아리

마구 퍼내도

줄지 않는 항아리

어머니 마음

# 빈집

물안개에 갇힌 아침
안개꽃 뿌리째 흔들리고
노랑나비 한 마리
손사래 치며 날아가네

희미한 가로등 속에서
도리질 치는 밤의 세월 끌어안고
가쁘게 살아 온 생
조막손 잘라내고 집을 나서네

목숨보다 차고 더운 바람
번갈아 불 지피다
텅 텅 발자국 울리며 나설 때
끄덕끄덕 고개 흔들며
그 집, 풀썩 주저앉겠네

# 기도

 하늘에만 계신 아버지, 당신은 이미 죽었습니다 당신만 모르고 있을 뿐, 당신에 의한 당신을 위한 당신의 그들은, 든든한 줄이라도 잡은 듯 당신이 인편으로 보내준 살과 피로 장사를 하고 있습니다 덕분에, 우린 여태 살아 있습니다 그래서 믿습니다 환장하게 믿습니다 오늘도 일용할 식량으로 목줄을 쥐고 열심히 당신을 팔고 있는 자들의 말을 믿습니다 이미 물려버린 지 오래되어 구토 나는 양식이지만 그래도 삼켜야지요 눈먼 당신을 위해 두 눈 부릅뜬 채 날마다 기도하고 있어요 그러니 행여나 걱정일랑 마세요

## 팔랑개비

 바늘 침에 꽂혀 시달리던 아이, 팔랑개비가 되어 주먹바람을 향해 달려갔다 이국땅에서 풍차가 되어 다람쥐 쳇바퀴 돌리듯 지구본을 껴안고 놀던 그 아이, 돌개바람 들이치던 날, 지구의 곁에서 떨어져 나와 하늘 높이 날아오르다 지축이 되었다 덜거덕, 풍차 돌아가는 소리 귓속을 굴러다니고 마른하늘에선 노란 별들이 빙빙 떠돌아다녔다 울음 같은 헛구역질을 하다 병원으로 실려 간 여자, 천둥소리에 깨어났다 관 속에서 아이가 울고 있었다

# 표적

 벌컥, 문이 열리자 낡은 방독면을 뒤집어 쓴 사람들이 총알처럼 튀어나왔다 보람찬 하루를 마무리하기 위해 야간 사격장으로 우르르 몰려가는 사람들…… 선착순에 길들여진 그들, 앞을 다투며 달려가 익숙한 솜씨로 잠금장치를 자동격발로 맞추고 있었다 알량한 방독면 하나 제대로 간수 못한 죄를 핑계로 나는 질끈 눈을 감고 방아쇠를 당겼다 보이지 않는 표적을 향해 총알들이 마구 날아갔다 사방에서 아우성치는 소리가 파편으로 흩어지고 매캐한 체취를 남기며 사람들이 줄지어 날아올랐다

 검은 표정에 박혀있는 저, 야광탄들……
 밤새도록 수런거리며, 무수한 오발탄을 숨기고 있다

비


천둥 번개 앞세우고

지상으로 내리 꽂히는 강,

형벌의 다른 이름으로 오고 있는